조선 왕실의 큰 제사
종묘제례와 제례악

임돈희

문화인류학자이자 민속학자입니다. 서울대 고고인류학과를 졸업하고 미국 펜실베이니아 대학교 민속학과에서 박사학위를 받았습니다. 유네스코 세계 무형 유산 등재 선정 국제 심사위원을 지냈습니다. 2001년 종묘제례 및 종묘제례악, 2003년 판소리를 위시하여 2012년 아리랑, 2013년 김장 문화, 2014년 농악 등 우리나라 17개의 무형 유산 종목이 유네스코에 등재되는 데 결정적인 역할을 하였습니다. 파리 국립사회과학고등대학원 초빙교수를 지냈고 현재 대한민국학술원 회원이며 동국대학교 석좌교수입니다. 지은 책으로는 『조상 의례와 한국 사회 Ancestor Worship and Korean Society』(공저) 『조선 왕실의 큰 제사 종묘제례와 제례악』 등이 있습니다.

구세진

이화여자대학교와 동대학원에서 동양화를 전공했습니다. 현재 개인전과 다수의 전시를 하며 대학에서 학생들을 가르치고 있습니다. SBS 드라마 「바람의 화원」에서 김홍도, 신윤복 등의 그림 제작에 참여했고 우리 문화유산의 아름다움을 그림으로 나타내기 위해 노력하고 있습니다. 그린 책으로 『궁궐 사람들은 무얼 했을까』 『조선 왕실의 큰 제사 종묘제례와 제례악』이 있습니다.

조선 왕실의 큰 제사 **종묘제례와 제례악**

처음 찍은 날 2015년 8월 10일 | **처음 펴낸 날** 2015년 8월 17일 | **펴낸이** 김덕균 | **펴낸곳** 오픈키드(주) 열린어린이
만든이 김원숙, 박고은 | **꾸민이** 박재원 | **관리** 권문혁, 김미연 | **출판신고** 제 2014-000075호
주소 서울시 마포구 동교로 221 2층 | **전화** 02) 326-1284 | **전송** 02) 325-9941 | **전자우편** contents@openkid.co.kr

ⓒ 임돈희, 구세진 2015

ISBN 979-11-5676-067-2 74600 979-11-5676-058-0 (세트)
값 12,000원

*이 책에 실린 종묘제례 관련 사진들은 국립국악원, 한국문화재재단, 국립중앙박물관에서 허락을 받아 사용하였습니다.
*이 책은 저작권법에 따라 보호받는 저작물이므로 무단 전재와 복제를 금하며,
 이 책 내용의 전부 또는 일부를 재사용하려면 반드시 열린어린이의 서면 동의를 받아야 합니다.

조선 왕실의 큰 제사

종묘제례와 제례악

임돈희 글 | 구세진 그림

열린어린이

의장을 갖추고 왕과 신하들이 거리를 지나가요.
돌아가신 왕들에게 제사를 드리러 종묘로 가는 어가 행렬이에요.
종묘는 왕의 조상들을 모신 곳이에요.
종묘에서 지내는 나라의 제사를 종묘제례라고 해요.

조상들을 위해 정성껏 음식을 준비하고
아름다운 음악과 기품 있는 춤으로 기쁘게 해 드릴 거예요.
조선 시대에는 한 해에 다섯 번 종묘제례를 지냈지만
지금은 매년 5월 첫째 주 일요일에만 지내고 있어요.
종묘제례는 2001년에 유네스코 '인류 구전 및 무형유산걸작'으로 등재되었어요.

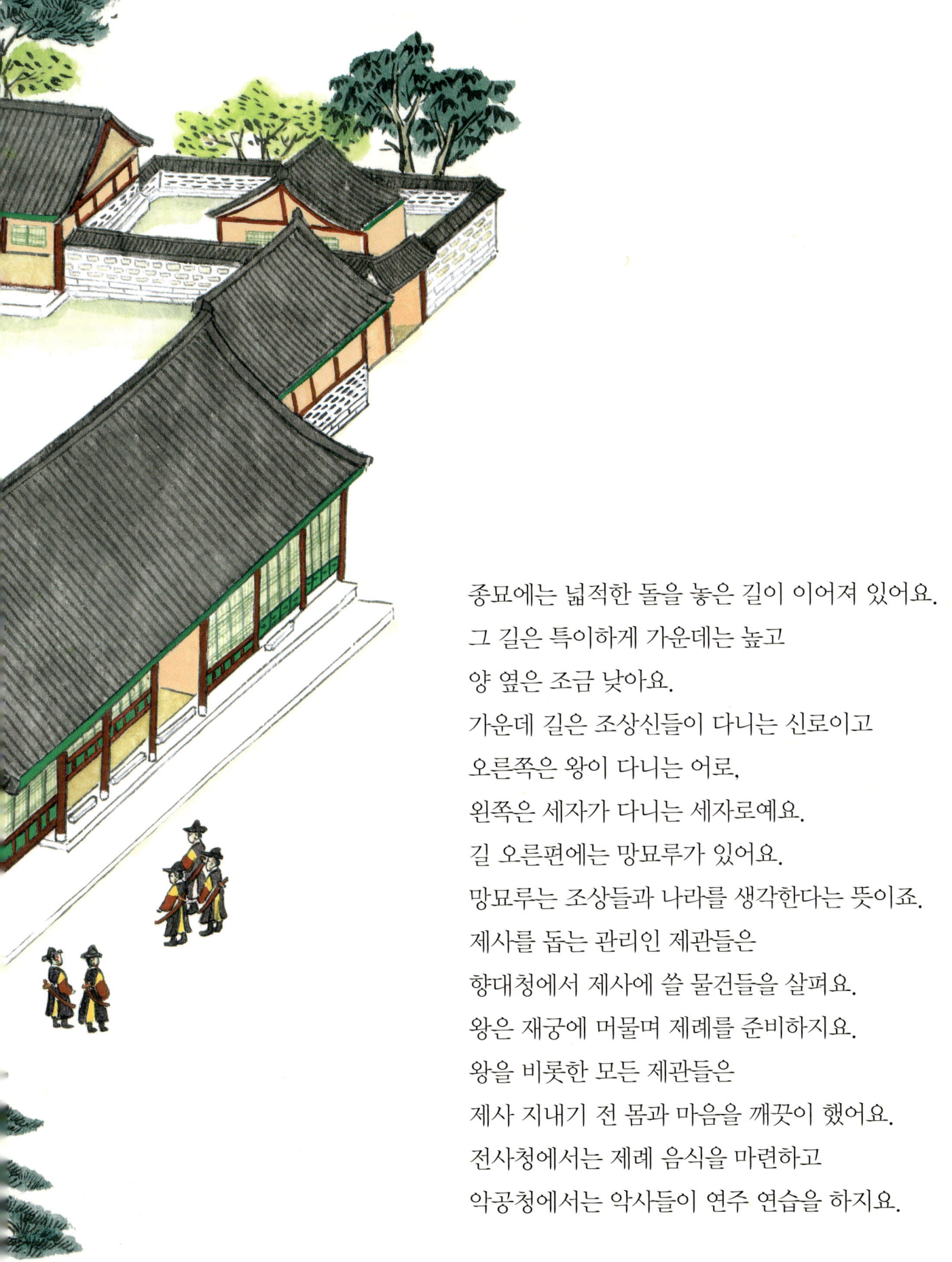

종묘에는 넓적한 돌을 놓은 길이 이어져 있어요.
그 길은 특이하게 가운데는 높고
양 옆은 조금 낮아요.
가운데 길은 조상신들이 다니는 신로이고
오른쪽은 왕이 다니는 어로,
왼쪽은 세자가 다니는 세자로예요.
길 오른편에는 망묘루가 있어요.
망묘루는 조상들과 나라를 생각한다는 뜻이죠.
제사를 돕는 관리인 제관들은
향대청에서 제사에 쓸 물건들을 살펴요.
왕은 재궁에 머물며 제례를 준비하지요.
왕을 비롯한 모든 제관들은
제사 지내기 전 몸과 마음을 깨끗이 했어요.
전사청에서는 제례 음식을 마련하고
악공청에서는 악사들이 연주 연습을 하지요.

종묘에는 두 개의 큰 건물이 있어요.
종묘 중앙에 옆으로 긴 건물인 정전이 있고
그 왼쪽에 영녕전이 있어요.
정전과 영녕전에는 돌아가신 왕과 왕비의 신주가 있어요.
신주는 돌아가신 분의 이름을 적은 나무패를 말하지요.
조상들은 사람의 혼이 신주에 깃든다고 생각해
신주를 소중하게 모셨답니다.
종묘의 건물은 궁궐과 달리 화려한 장식이 없어요.
소박하면서도 경건한 분위기를 지녔지요.

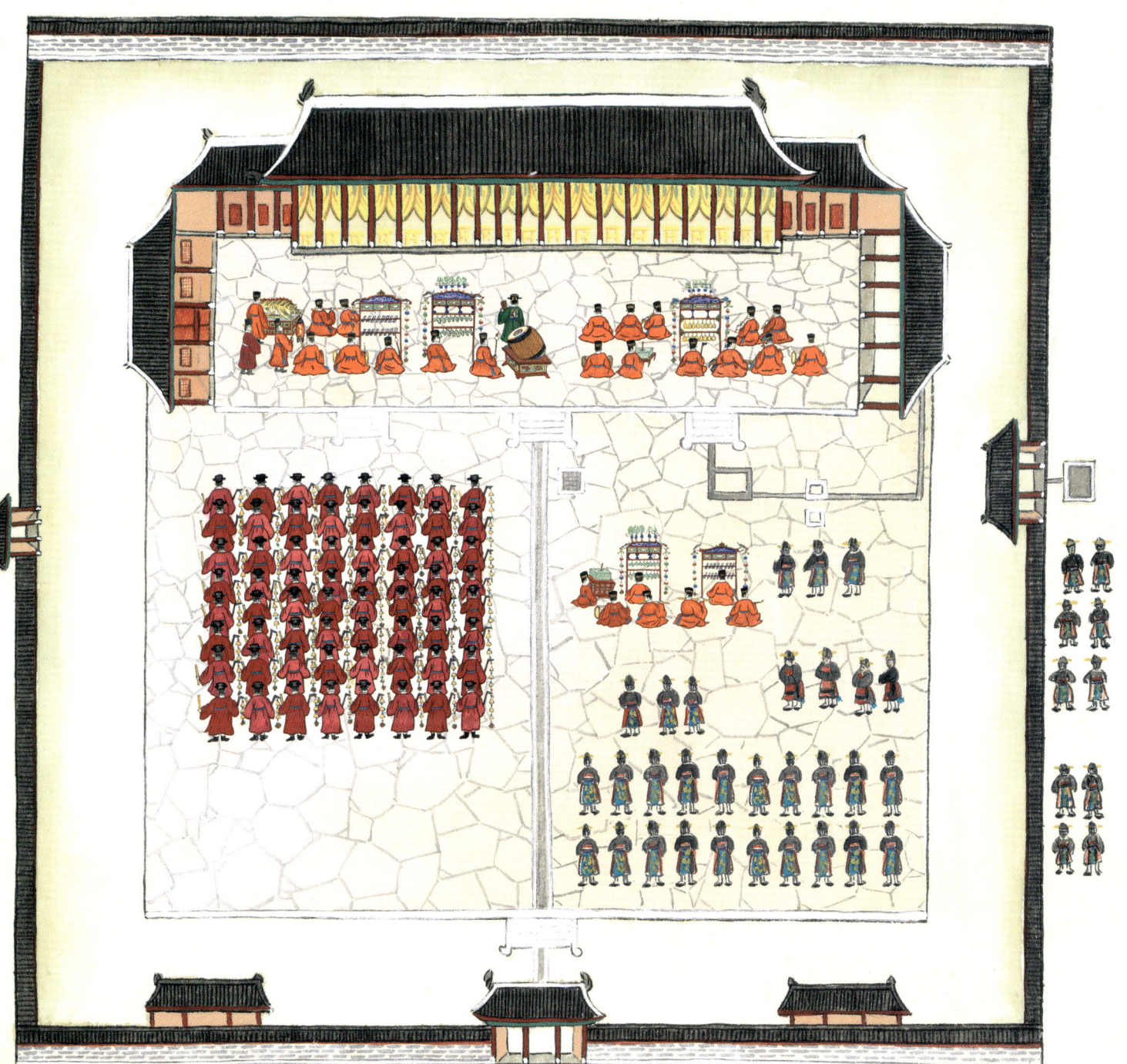

신주를 모신 신실의 문은 종묘제례 때 열어요.
정전 신실 문을 모두 열면 한 칸으로 연결되어요.
정전은 열아홉 칸인데, 각 칸마다 왕과 왕비의 신주가 있어요.
조선을 세운 태조를 비롯한 열아홉 왕과 왕비의 신주가 있어요.

영녕전에는 태조의 조상들을 포함한
열여섯 왕과 왕비의 신주를 모셨어요.
종묘제례는 정전과 영녕전에서 모두 지내지만
왕은 정전에서 열리는 제례에만 참여했어요.

제관들이 축문과 함을 들고 정전에 들어서면
음악과 춤이 곁들여지면서 종묘제례가 시작되지요.
왕도 들어와 판위에 서요. 판위는 왕이 멈추어 서는 자리죠.
그러면 제관들은 모두 국궁사배를 드려요.
존경하는 마음으로 연이어 네 번 절하는 것이 국궁사배예요.
제관 중에서 조상에게 술을 올리는 사람을 헌관이라 해요.
처음 술잔을 올리는 사람이 초헌관인데
왕이 제례에 참여하면 왕이 초헌관을 맡아요.
세자는 두 번째 술잔을 올리는 아헌관을
신하 중 가장 높은 영의정은 종헌관을 맡지요.

제례 의식의 첫 순서는 취위예요.
제관들이 손을 씻고 제사를 드릴 각자의 자리에 섭니다.
그리고는 상 위에 놓인 초와 등잔에 불을 밝힌 다음
신실에서 신주를 꺼내옵니다.
그 다음에는 신관례가 이어집니다.
왕은 향을 피우고 신실 바닥에 난 구멍에
울창주라는 술을 부어서
하늘과 땅으로 돌아간 조상신의 혼과 백을 부르지요.
신을 모신 후에는 흰 모시를 예물로 드립니다.

그 다음에는 조상들이 제사를 즐길 수 있도록
정성껏 준비한 음식과 술을 올리는 의례를 지내요.
먼저 짐승의 털과 피를 담은 쟁반을 올리고
쑥, 조, 기장을 덜어내어 기름과 버무려 태우는 천조례를 행합니다.
그리고는 초헌관이 조상신들께 술을 올리지요.
이 의식이 초헌례예요.
이어서 아헌관이 술을 올리는 아헌례와
종헌관이 술을 올리는 종헌례가 차례로 이어져요.
이렇게 세 번 술을 올려서 삼헌례라고 하지요.
아헌례와 종헌례를 올릴 때
제관들은 모두 국궁사배를 드려요.

이제는 후손들이 조상들에게 복을 받을 차례예요.
신에게 올렸던 술과 음식을 나누어 받는 의례이지요.
이것을 음복이라고 부르지요.
신으로부터 복을 받는 의례예요.
음복을 하고 나서 다시 국궁사배를 드려요.
제사 음식을 거두어들이는 뜻으로 그릇의 자리를 옮기고
신을 보내 드리는 송신제를 해요.
초헌관이 국궁사배를 하고 나면
제관들 모두 신주를 향해 국궁사배를 드리고
신주를 덮어 다시 안에 들여 놓아요.
정전 서쪽 뒤편에 있는 망료대에서 축문과 모시를 태우면
종묘제례가 모두 끝나는 거예요.

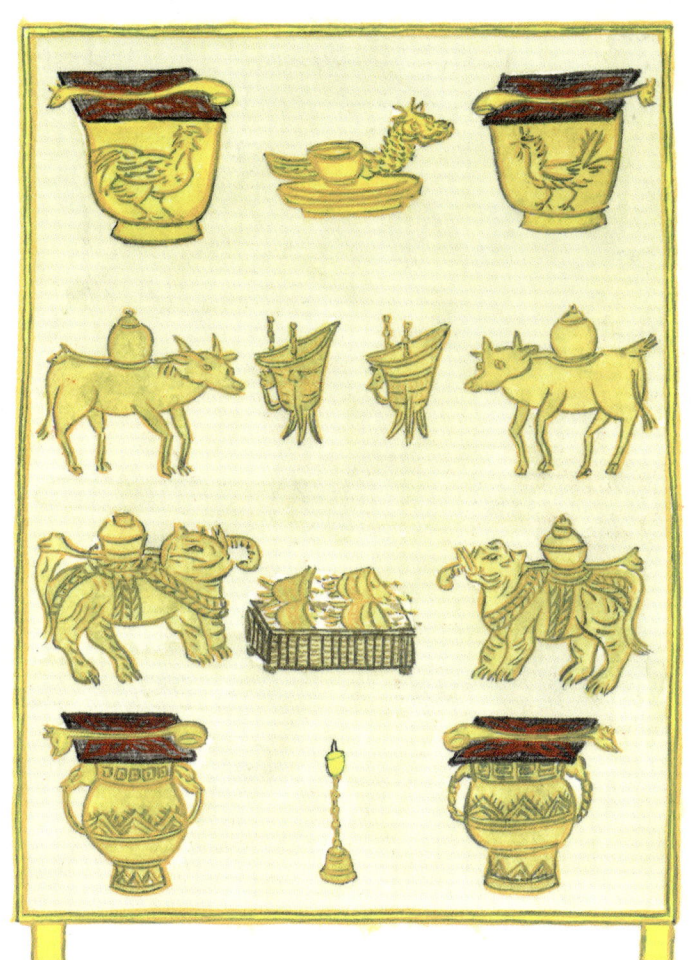

종묘제례를 더 엄숙하게 지내기 위해
종묘제례를 할 때는 음악을 연주해요.
조상들을 즐겁게 해 드리기 위한 것이기도 하지요.
종묘제례에 연주하는 음악을 종묘제례악이라고 불러요.

조상에게 술을 올리는 초헌례 때는 보태평을 연주해요.
보태평은 조선을 세우고 나라를 위했던 왕들을 칭송하고
후손들을 잘 돌보아달라는 바람을 담은 곡이지요.
아헌례와 종헌례 때는 정대업을 연주하는데
정대업은 외적에 맞서 싸운 왕들의 용기를 기리는 곡이에요.
조상들에게 익숙한 가락을 담아 세종대왕 때 만들었어요.

종묘제례악을 연주하는 악공들은 두 군데로 나뉘어요.
정전의 돌계단 위에서 연주하는 악공들은 등가
돌계단 아래에서 연주하는 악공들은 헌가라고 하지요.
등가에서는 편종, 편경, 방향, 당피리, 대금, 아쟁, 장구
절고, 축, 어, 박을 연주합니다.

노래를 부르는 사람도 등가에 있어요.
헌가는 등가의 악기 구성과 비슷하지만
태평소와 해금 같은 악기를 더 두었어요.
돌계단 위의 등가는 하늘을 뜻하고 돌계간 아래의 헌가는 땅을 뜻해요.
등가와 헌가에는 하늘과 땅이 조화를 이룬다는 뜻이 담겨 있는 거예요.

종묘제례에는 음악뿐 아니라 춤도 어우러지지요.
제례악이 연주되면 무용단인 일무가
돌계단 아래 왼편에 줄을 맞춰 서서
보태평에는 문무를, 정대업에는 무무를 추지요.
여덟 명이 여덟 줄로 서기 때문에 팔일무라고도 부르죠.

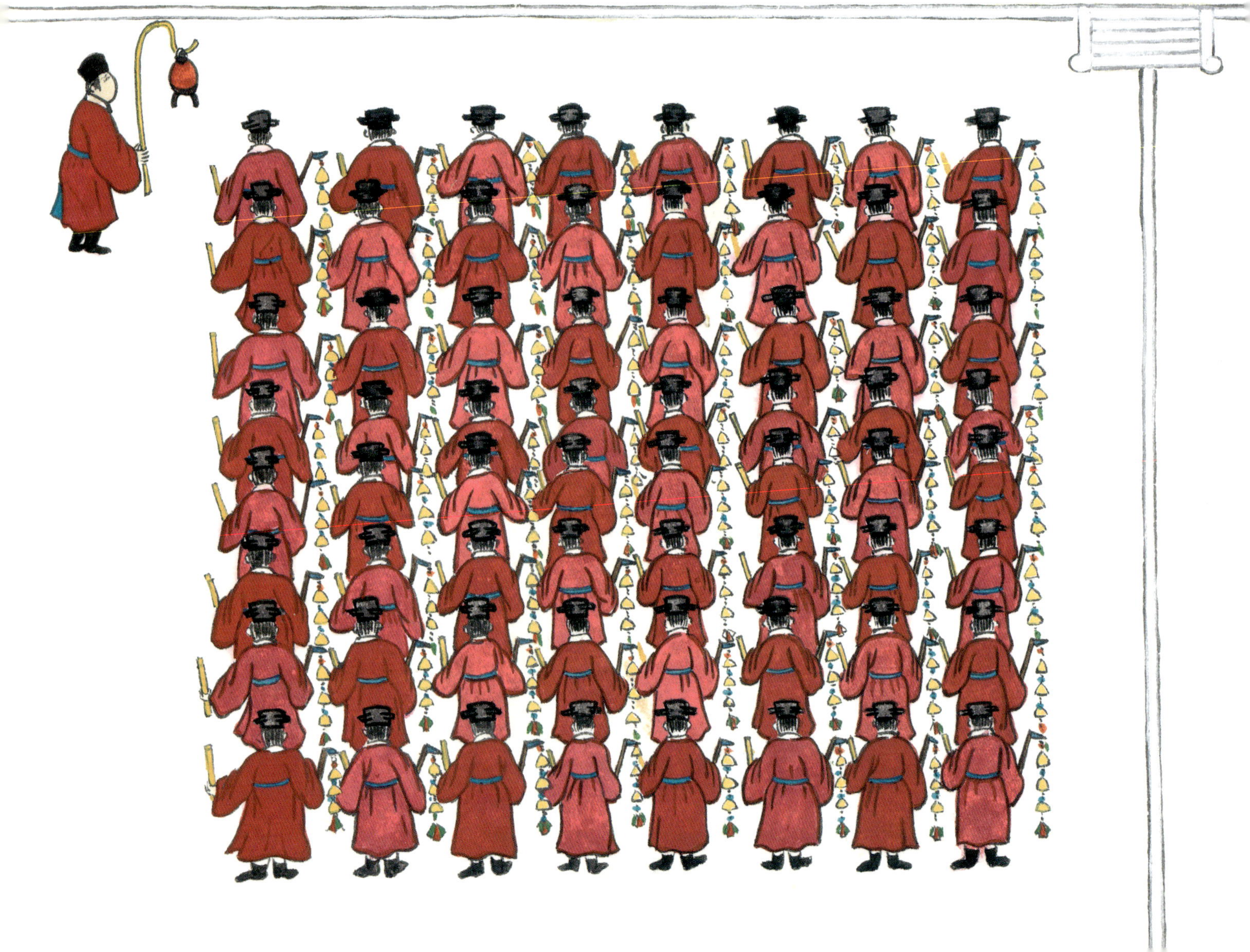

음악이 보태평과 정대업으로 나뉜 것처럼
춤도 돌아가신 왕들이 이룬 덕을 칭찬하는 문무와
나라를 위해 싸웠던 공을 기리는 무무가 있어요.
종묘제례의 춤도 조상들을 즐겁게 하고 업적을 기리는 거예요.
그래서 춤 동작이 가볍지 않고 품격 있어요.

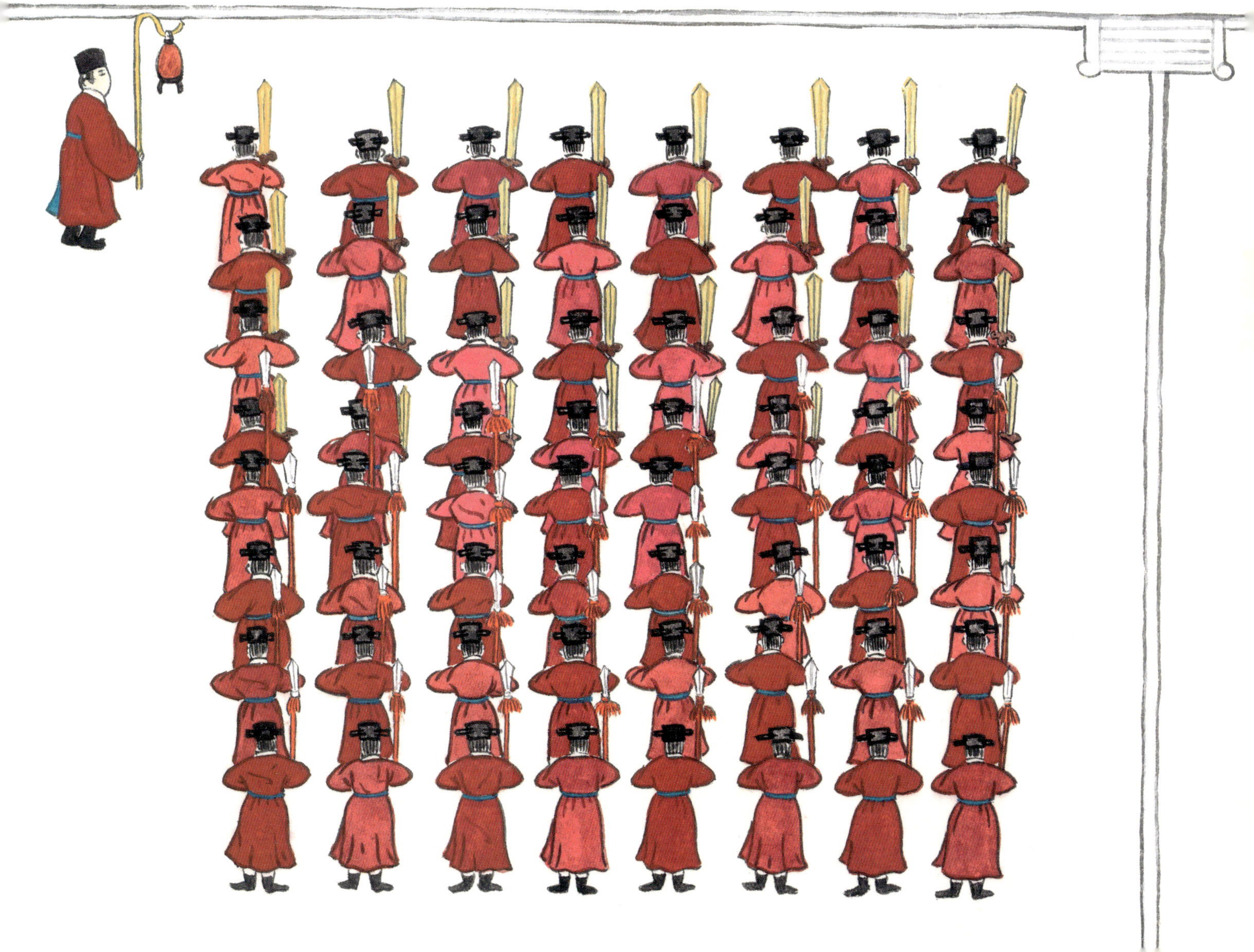

문무는 보태평을 연주할 때 추어요.
왼손에 약을, 오른손에는 적을 들고 춤을 추지요.
약은 구멍이 세 개 뚫린 대나무 피리고
적은 긴 막대에 꿩 깃털이 달린 악기예요.
문무는 왼쪽 손발을 들어 왼쪽으로 돌고 나서
몸을 구부려 부드럽게 춤을 추어요.

무무는 정대업에 맞추어 아헌례와 종헌례 때 추지요.
나무로 만든 칼과 창을 들고
오른발을 들어 오른쪽으로 돌고 몸을 폅니다.
강하면서도 간결하게 검술하듯 추는 춤이랍니다.

종묘제례와 제례악은 우리나라의 중요한 무형 문화유산이에요.
부모에게 효도하고 조상을 받들던 정신이 담겨 있지요.
조선 시대에 나라의 의례를 글과 그림으로 기록해 놓아서
500년 전의 문화를 지금까지 이어올 수 있었던 거예요.
세계에서 우리나라만이 그런 대단한 일을 한 것이죠.
종묘제례와 제례악은 옛 문화에 그치지 않고
앞으로도 계속 이어질 자랑스런 우리 문화지요.
우리의 귀한 문화유산에 관심을 기울이고 아끼는 마음을 가져요.

자세히 읽어요

나라의 제사, 종묘제례

▎종묘제례의 의미

옛날 사람들은 돌아가신 왕들이 신(神)이 되어 나라와 백성을 보살핀다고 생각했어요. 그래서 일정한 순서에 따라 돌아가신 왕들을 기리며 정성스럽게 종묘제례를 지냈지요. 사회자 역할을 하는 집례가 종묘제례의 순서를 적어 둔 홀기를 읽으면, 제사를 지내는 관리인 제관들이 그에 따라 제례를 진행했어요. 종묘제례는 조선 시대 500년 동안 이어온 우리 문화유산이에요. 조선 시대에는 제례를 1년에 5번 밤에 지냈지만 지금은 매해 5월 첫째 주 일요일 낮에 한 번만 지냅니다. 왕가의 후손인 전주 이 씨 대동종약원에서 종묘제례의 제관 역할을 맡아 한답니다.

▎종묘제례 때 지켜야 할 격식

- **재계**: 종묘제례 전날 모두 깨끗이 목욕하고 몸가짐을 다듬었어요.
- **집홀법**: 홀(笏)을 잡는 방법이에요. 홀은 얇고 길쭉한 직사각형 물건이에요. 조선 시대에 관직에 오른 사람들이 왕을 뵙거나 의례 때 손에 쥐었어요.
- **궤법**: 꿇어앉는 방법이에요. 무릎을 꿇고 앉아 두 손을 가볍게 쥐어 무릎에 두어요.
- **부복**: 무릎 꿇고 앉아 양손을 팔(八) 자 모양으로 땅을 짚고 고개 숙여 엎드린 자세를 말합니다.
- **관세**: 몸과 마음을 깨끗이 하려는 의미로 손 씻는 일이에요. 관세할 때 쓰는 대야인 관세기 안쪽에는 물고기가 새겨져 있어서 손을 씻을 때 물이 흔들리면 물고기가 헤엄치는 듯해요.

상아로 된 홀

▎종묘제례의 순서

신을 맞이하는 제례 : 영신례

취위례 제관들이 정해진 자리에 가서 서는 것을 취위라고 합니다. 취위 예식이 취위례입니다. 축문을 읽는 대축관과 제사를 돕는 사람인 묘사가 신주를 받들고 나와요.
▶ 음악: 보태평지악(헌가) 일무: 보태평지무(문무)

신관례 혼백을 불러오는 의식이에요. 초헌관이 향을 세 번 올리는 진향, 울창주를 신실 구멍에 붓는 관창, 돌아가신 왕들에게 예물을 바치는 전폐의 순서로 진행되어요.
▶ 음악: 보태평지악(등가) 일무: 보태평지무(문무)

신을 즐기게 하는 제례 : 삼헌례

천조례 제사 음식으로 쓰인 소, 돼지, 양고기의 털, 피와 간, 기름 등을 담은 모혈반을 받들어 올리고 쑥에 버무려 화로에 넣고 태워요.
▶ 음악: 풍안지악(헌가)

초헌례 초헌관이 조상신께 첫 술을 올려요.
▶ 음악: 보태평지악(등가) 일무: 보태평지무(문무)

아헌례 아헌관이 두 번째 술을 올려요.
▶ 음악: 정대업지악(헌가) 일무: 정대업지무(무무)

종헌례 종헌관이 세 번째 술을 올린 뒤 국궁사배를 드려요. 그런 뒤 모두 국궁사배를 드려요.
▶ 음악: 정대업지악(헌가) 일무: 정대업지무(무무)

신을 보내드리는 제례 : 송신례

음복례 제사에 쓰인 술과 음식을 나누어 받음으로써 신으로부터 복을 받는 의례지요.
철변두 제상을 물리는 의례지요.
▶ 음악: 옹안지악(등가)
송신사배 네 번 절하여 신을 보내는 의례지요.
▶ 음악: 흥안지악(헌가)

망료례 제례에 쓰인 축문과 예물로 드렸던 모시를 태우는 의식이 망료례예요. 축문과 모시를 태우는 곳인 망료대는 정전 서쪽 뒤편에 있어요. 축문과 모시를 태우고 나면 모든 제관들이 제자리로 돌아가 국궁사배를 올리지요. 그러면 종묘제례의 모든 순서가 끝나요.

더 알고 싶어요: 종묘제례악의 여러 악기와 종묘 둘러보기

종묘제례에 쓰이는 악기

종묘제례 때 연주하는 음악인 종묘제례악에는 여러 악기들이 쓰여요. 편종, 편경, 방향과 같은 타악기가 주요 선율을 이루고 당피리, 대금 같은 관악기와 해금, 아쟁 등의 현악기가 고운 선율을 더하지요. 장구, 징, 태평소, 절고, 진고 등으로 다양한 가락을 만들고, 노래까지 더해져 종묘제례악은 그 어떤 음악보다 깊이 있고 화려하지요. 『악기(樂記)』라는 우리의 옛 책에서는 "음악과 노래와 춤을 모두 갖춘 것을 악(樂)이라고 한다"고 했어요. 그러므로 종묘제례악은 음악과 노래와 춤 삼박자를 모두 갖춘 음악이랍니다.

당피리	태평소	대금	박
방향	편종	어	축
진고	장구	해금	아쟁

종묘 소개

① **창엽문** 종묘에 들어가는 정문으로 외대문(外大門) 또는 외삼문(外三門)이라고도 합니다. 궁궐 정문과는 달리 소박하고 단순합니다.

② **망묘루** 나라의 제사인 종묘제례를 지낼 때 임금이 머물면서 돌아가신 왕들과 나라를 생각한다는 뜻으로 붙여진 이름입니다.

③ **공민왕 신당** 고려 31대왕 공민왕을 위하여 종묘를 창건하였을 때 세웠다고 전해집니다.

④ **향대청** 제례 때 쓸 물건을 보관하고, 제례에 참여하는 제관들이 대기하던 곳입니다.

⑤ **재궁** 왕이 제사를 준비하던 곳으로 어숙실이라고도 합니다. 임금이 머무는 어재실, 세자가 머물던 세자재실이 있고, 왕이 목욕하던 어목욕청이 있습니다.

⑥ **공신당** 조선에 큰 공을 세운 신하의 위패를 모신 곳입니다.

⑦ **칠사당** 인간 생활의 여러 가지 일들을 관장하는 일곱 신들을 모신 사당입니다.

⑧ **정전** 역대 왕과 왕비의 신주를 모셔둔 종묘의 중심 건물입니다. 영녕전과 구분하여 태묘(太廟)라 부르기도 합니다.

⑨ **정전 수복방** 제례 일을 돕는 수복들이 머무는 곳입니다.

⑩ **전사청** 제례에 올릴 음식을 준비하던 곳입니다.

⑪ **영녕전** 태조의 조상들과 정전에서 계속 모실 수 없는 왕과 왕비의 신주를 옮겨 모신 곳입니다.

⑫ **악공청** 종묘제례 때 연주하는 악사들이 대기하는 건물입니다. 정전 앞의 악공청은 정전 악공청, 영녕전 앞의 악공청은 영녕전 악공청입니다.

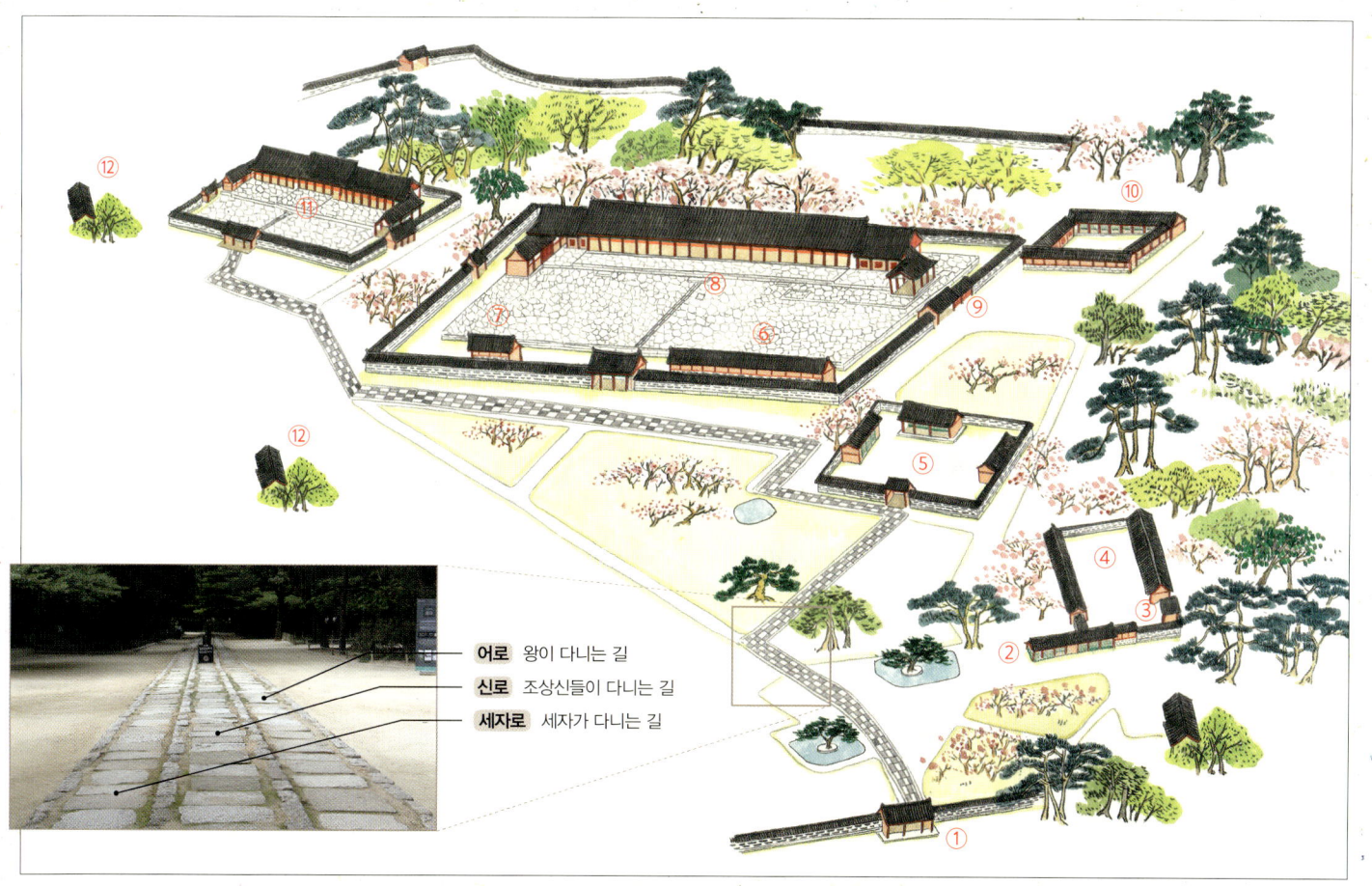

어로 왕이 다니는 길
신로 조상신들이 다니는 길
세자로 세자가 다니는 길